新编中华文化基础教材

第七册

◎ 主 编　黄玉峰

◎ 副主编　朱 煜　丁慈矿

◎ 编委会（按姓氏音序排列）

丁慈矿　黄玉峰　蒋人杰　王琳妮　王振宁　赵志伟　朱 煜

中华书局

图书在版编目(CIP)数据

新编中华文化基础教材.第七册/黄玉峰主编;朱煜,丁慈矿副主编. —北京:中华书局,2017.8
ISBN 978-7-101-11754-7

Ⅰ.新… Ⅱ.①黄…②朱…③丁… Ⅲ.中华文化-小学-教材 Ⅳ.G624.201

中国版本图书馆 CIP 数据核字(2016)第 087102 号

书　　名　新编中华文化基础教材　第七册
主　　编　黄玉峰
副 主 编　朱　煜　丁慈矿
责任编辑　祝安顺　熊瑞敏
装帧设计　王铭基　王　娟
插图绘制　刘耀杰
出版发行　中华书局
　　　　　(北京市丰台区太平桥西里 38 号　100073)
　　　　　http://www.zhbc.com.cn
　　　　　E-mail:zhbc@zhbc.com.cn
印　　刷　北京瑞古冠中印刷厂
版　　次　2017 年 8 月北京第 1 版
　　　　　2017 年 8 月北京第 1 次印刷
规　　格　开本/880×1230 毫米　1/16
　　　　　印张 4½　字数 40 千字
印　　数　1-5000 册
国际书号　ISBN 978-7-101-11754-7
定　　价　13.80 元

编写说明

一、《新编中华文化基础教材》是响应中共中央办公厅、国务院办公厅《关于实施中华优秀传统文化传承发展工程的意见》及教育部《完善中华优秀传统文化教育指导纲要》指导精神组织编写的中华优秀传统文化教材，一至九年级十八册，高中学段六册，共二十四册。

二、本教材以"立德树人"为教学宗旨，以分学段有序推进中华优秀传统文化教育为目标，注重培育和提高学生对中华优秀传统文化的亲切感和感受力，增强学生对中华优秀传统文化的理解力和理性认识，坚定文化自信。

三、本册教材供四年级上学期使用，包含十课，每课分为四个模块，分别为"开蒙启智""诵诗冶性""博闻广识""赏联属对"。

1. "开蒙启智"模块为蒙学经典教学。每课选录古代蒙学经典的文段，辅以亲切简要的提示。内容选择上注重贯彻人格教育，引导学生了解、体会中华优秀传统文化的价值取向与思维模式，进而塑造良好的性格品质与行为方式。

2. "诵诗冶性"模块为诗词教学。每课选录适合小学生诵读的经典诗词若干首。古典诗词是中华优秀传统文化的精髓，对于陶冶学生的思想情操，丰富学生的情感体验，提高学生的审美能力等都有重要意义。

3. "博闻广识"模块为经典教学。每课选录经传诸子中的经典文段，厚植学生的文化根基。

4. "赏联属对"模块为对联教学。对联是汉语特有的艺术形式,本模块选取若干名联及其相关故事,设置部分对联练习,让学生在轻松快乐的氛围中体验汉语的独特魅力。

本教材之编辑力求严谨,编写过程中广泛征求各界意见,期能以较完备之面貌呈现;然疏漏之处在所难免,敬祈学界先进不吝指正。

编者

2017 年 2 月

目　录

第 一 课

大度、谨言、追慕圣贤，是古人很看重的品德。

一

罔谈彼短，靡恃己长。

信使可覆，器欲难量。

——《千字文》

学与习

这段话说的是一个有修养的人需要谨记的道理：不要议论别人的缺点，也不要倚仗自己的长处任意妄为；人的诚信要经得起考验，器量要大得难以度量。

二

墨悲丝染，诗赞羔羊。

景行维贤，克念作圣。

——《千字文》

墨子曾经感叹本质洁白的丝线浸了黑色的染料就变黑，《诗经·召南·羔羊》用"羔羊之皮"来比喻君子高洁的品德。"景行"出自《诗经》中"高山仰止，景行行止"，意思是要仰慕先贤高尚的品德，效仿他们高尚的行为。这几句话告诉我们要向品德高尚的人看齐，不要受到不良环境的影响。

诵诗冶性

这两首诗写的都是思念。

古诗十九首（其一）

行行重行行，与君生别离。

相去万余里，各在天一涯。

道路阻且长，会面安可知？

胡马依北风，越鸟巢南枝。

相去日已远，衣带日已缓。

浮云蔽白日，游子不顾反。

思君令人老，岁月忽已晚。

弃捐勿复道，努力加餐饭。

古诗十九首（其六）

涉江采芙蓉，兰泽多芳草。

采之欲遗谁？所思在远道。

还顾望旧乡，长路漫浩浩。

同心而离居，忧伤以终老！

学与习

一位女子说，与你相距万里，因为想你，我都变老了，眼看又到年关，还有许多心里话都不说了，只愿你多保重，切莫受饥寒。

一个女子说，我渡过江水去采荷花，生有兰草的水泽中长满了香草。可是我采了荷花要送给谁呢？我想要送给远方的爱人。

古代交通、通讯都不便，想念一个人是很愁苦的事。

曹操是东汉末年政治家、军事家和文学家，他雄才大略，统一了北方，被封为魏王，死后被追尊为魏武帝，所以后人也称他为"魏武"。杨修，字德祖，是曹操的谋士，是个极其聪明的人，而且对曹操也非常了解。《世说新语》中有好几段关于他俩的记载。

门太大了

杨德祖为魏武主簿，时作相国门，始构榱（cuī）桷（jué），魏武自出看，使人题门作"活"字，便去。杨见，即令坏之。既竟，曰："'门'中'活'，'阔'字。王正嫌门大也。"

——《世说新语·捷悟》

学与习

有段时间，杨修担任主簿之职。当时，相国府的大门正在整修。工人们刚开始搭脚手架，曹操就去查看，然后在门上写了一个"活"字，就离开了。杨修看到了，立即让人把门拆了。等拆完，才说："门中加个'活'字，就是'阔'字。大王是嫌门太大了。"

如果是你，你能猜出来吗？

一人一口

人饷（xiǎng）魏武一杯酪（lào），魏武啖（dàn）少许，盖头上题"合"字以示众。众莫能解。次至杨修，修便啖，曰："公教人啖一口也，复何疑？"

——《世说新语·捷悟》

学与习

有人送了一杯奶酪给曹操，他吃了一点点，就在盖子上写了个"合"字给别人看，没有人能领会曹操的用意。轮到杨修看了，他拿起来就吃，还说："大王让我们一人吃一口，还疑惑什么？"

你知道杨修为什么这样做吗？

有趣的析字联

中国的文字相传是黄帝的史官仓颉（jié）造的。据说仓颉有四只眼睛，他看见地上的兽蹄、鸟爪等痕迹，灵感涌上心头，便造起字来。造字是一件神圣的工作，传说他造字的时候，"天雨（yù）粟，鬼夜哭"——灵活的形体、动听的音韵、深邃的意义伴随汉字一起诞生！人们利用汉字的形体结构，创作出了有趣的析字联。什么是析字联呢？先来看下面的故事。

明代的蒋焘（tāo）是有名的文学家，他从小受父亲的影响，吟诗作对，长进很快。一天，他父亲的几个朋友来家里做客，父亲和客人们谈得很热烈。正在这时，外面下起了小雨，雨点打在窗户上。一个客人看见窗户纸上的雨点印迹，触景生情，出了一个上联让大家对：冻雨洒窗，东两点，西三点。

这个上联的意思是说，冰凉的雨点打在窗户上，东边窗户上有雨点，西边窗户上也有雨点。从文字上讲，巧就巧在"冻雨"的"冻"字，是由"东"和两点组成，"洒窗"的"洒"字，是由"西"和

三点组成。上联既说明了当时冷雨打窗的情景，又暗示了"冻"和"洒"两字的组成。在座的人苦思冥想，绞尽脑汁，可是谁也对不出，客厅里一片沉默。

这时，仆人送上西瓜。蒋焘的父亲，连忙切瓜分给客人吃。站在一旁看着父亲切瓜的蒋焘，灵机一动，一句下联跳入脑海，他随口说道：切瓜分客，横七刀，竖八刀。

蒋焘对的下联前半句"切瓜分客"，说的是切瓜分给客人吃的事。后半句的"七刀"横着合起来是"切"字；"八刀"竖着合起来是"分"字。真是绝妙！在座的众人齐声叫好。

读了这则小故事，你对"析字联"一定有所了解了吧？析字联就是利用汉字的结构，将汉字在上、下联中拆拆拼拼的对联。析字分为两种情况，一种是拆字，将一个字拆成几个字，如把"切"字拆成"七"和"刀"两个字。另一种是拼字，正好和拆字相反，是把几个字拼成一个字。

学与习

1. 请把下列对联所缺的字补充完整。

（1）鸿是江边鸟；蚕为 _____。

（2）此木为柴 _____ 出；因火成 ____ 夕夕 ____。

（3）二人土上 _____；一月 _____ 明。

（4）踏破 _____ 桥三块石；劈开 _____ 路两重山。

2. 和爸爸妈妈一起读下面妙联，讨论它妙在何处？

　　日在东，月在西，天上生成明字；

　　子居右，女居左，世间配定好人。

第 二 课

做事应该怎么做？遇到困境应该怎么办？

一

笃初诚美，慎终宜令。

荣业所基，籍甚无竟。

——《千字文》

学与习

　　"笃初"是说刚开始做一件事时非常诚挚认真，"慎终"是说能谨慎地把事情做到最后。庞大的基业正是要靠这种善始善终的美德，才能持续地繁荣下去。所以同学们要谨记，做事可不能虎头蛇尾。

二

仁慈隐恻，造次弗离。

节义廉退，颠沛匪亏。

——《千字文》

"造次"是匆忙之间的意思，"颠沛"是处境困顿的意思。这段话的意思是：无论是匆忙之间还是处境困顿的时候，都不能少了仁慈、同情心、气节、道义、清廉、谦逊这些美德。

诵诗冶性

这两首诗都是劝人不要浪费光阴，好好用功。

杂 诗（节选）

〔东晋〕陶渊明

盛年不重来，一日难再晨。

及时当勉励，岁月不待人。

归去来兮图

题弟侄书堂

〔唐〕杜荀鹤

何事居穷道不穷，乱时还与静时同。

家山虽在干戈地，弟侄常修礼乐风。

窗竹影摇书案上，野泉声入砚池中。

少年辛苦终身事，莫向光阴惰寸功。

学与习

　　窗外竹影在书桌上摇摆，砚中墨水好像发出了野外泉水的叮咚声。年少时用功终身受益，对着匆匆逝去的光阴，丝毫不能放松自已的努力。

在《世说新语》里有不少聪明孩子的故事。这些孩子思维敏捷，伶牙俐齿，能言善辩。我们可以了解他们的事迹，并有所借鉴。

道旁李苦

王戎七岁，尝与诸小儿游。看道边李树多子折枝。诸儿竞走取之，唯戎不动。人问之，答曰："树在道边而多子，此必苦李。"取之，信然。

——《世说新语·雅量》

学与习

王戎七岁时，和小伙伴们一起外出玩耍。伙伴们看见路旁有棵李子树，上面结满了李子，于是纷纷去摘，只有王戎一动不动。有人很好奇，就问他为什么不去摘。王戎回答说，这棵李子树长在路边，还结了那么多李子，这李子一定是苦的。伙伴们尝了以后，发现果然如此。

你知道王戎是怎么判断的吗？

杨氏之子

梁国杨氏子，九岁，甚聪惠。孔君平诣（yì）其父，父不在，乃呼儿出，为设果。果有杨梅，孔指以示儿曰："此是君家果。"儿应声答曰："未闻孔雀是夫子家禽。"

——《世说新语·言语》

学与习

梁国杨家的儿子九岁，非常聪明。孔君平去拜访他的父亲，结果父亲不在，小朋友出来招待孔君平，还摆出水果让孔君平品尝。水果中有杨梅。孔君平指着杨梅说，这是你家的家果。没有想到，小朋友马上说，没有听说孔雀是您家的家禽啊。

读完故事，你对这个小朋友有什么印象？说说原因。

小书童挑战老秀才

古时候，有一位老秀才，很会作对联。有一年春天，他在西湖花神庙附近游玩，看见绿树繁茂，红花盛开，黄莺在柳枝间鸣叫，燕子在湖面上飞翔。老秀才不禁诗兴大发，依据周围景色，他写出了一个上联贴在花神庙大门的一侧，向人们征求下联。上联是：翠翠红红，处处莺莺燕燕。

他刚把上联贴上去，一个小书童就走上前来，提笔写出了下联：风风雨雨，年年暮暮朝朝。

老秀才看了，连声称赞书童对得快，对得好。过了一会，他说："我这个上联的字句还可以变哩！"随口念道："燕燕莺莺，处处红红翠翠。"小书童说："我这下联字句也可以变哩，你听——朝朝暮暮，年年雨雨风风。"

老秀才又说："我还可以变，处处莺莺燕燕，红红翠翠。"小书童说："年年暮暮朝朝，雨雨风风。"老秀才说："红红翠翠，燕燕莺莺处处。"小书童说："雨雨风风，朝朝暮暮年年"……

后来这一老一小又变出了很多副对联，每一副都读得通。

虽然西湖边上这座花神庙早就消失了，但这副对联却流传了下来，因为它太美了，读起来朗朗上口，短短二十个字把春天的姹紫嫣红、鸟语花香，以及风雨晨昏、年华流逝写尽了！

老秀才的这副对联运用了"叠字"的写法。叠字，也称为叠音，就是将音节相同的字重叠起来使用。在对联中，可以部分用叠字，也可以全部叠字，故事中的这副对联就是全部叠字。叠字是咱们汉语特有的表现手法，在古代诗歌中很常见，唐代大诗人杜甫是运用叠字的高手，他写下了很多含有叠字的美妙对句，如"短短桃花临水岸，轻轻柳絮点人衣""留连戏蝶时时舞，自在娇莺恰恰啼""无边落木萧萧下，不尽长江滚滚来"……

学与习

1. 连连看。

（1）郁郁佳气　　　　　　　淡淡茶香

（2）黄沙滚滚　　　　　　　绿柳依依

（3）红桃灼灼　　　　　　　白浪滔滔

（4）浓浓绿意　　　　　　　泱泱大风

2. 同桌互背下列妙联。

（1）风风雨雨，暖暖寒寒，处处寻寻觅觅；

　　　燕燕莺莺，花花叶叶，卿卿暮暮朝朝。

——江苏苏州网师园楹联

（2）佛脚清泉，飘飘飘飘，飘下两条玉带；

　　　源头活水，冒冒冒冒，冒出一串珍珠。

——山东济南趵突泉楹联

新编中华文化基础教材·第七册

第 三 课

做一个有修养的人，做一个顺应自然的人。

一

性静情逸，心动神疲。
守真志满，逐物意移。

——《千字文》

学与习

一个有修养的人应该保持自己安宁的心境和本真的天性，如果"心动"（内心被外物动摇）、"逐物"（追逐物质享受），就会精神疲惫、意志动摇。

二

年矢每催，曦晖朗曜。
旋玑悬斡，晦魄环照。

——《千字文》

学与习

光阴似箭，催促着年龄增长。阳光普照大地，北斗七星在天上不断运行，月亮在夜空闪耀——跟人有限的生命相比，大自然是永恒的。

知识不会从天上掉下来，要好好学习才能得到。

劝　学

〔唐〕孟郊

击石乃有火，不击元无烟。

人学始知道，不学非自然。

万事须己运，他得非我贤。

青春须早为，岂能长少年。

符读书城南（节选）

〔唐〕韩愈

木之就规矩，在梓匠轮舆。

人之能为人，由腹有诗书。

诗书勤乃有，不勤腹空虚。

学与习

孟郊说，不学习，知识不会从天上掉下来。错过了学习的时间，青春还会回来吗？

梓匠轮舆：指木工和制车轮木箱的人，泛指手艺人。韩愈对在城南读书的儿子符说，木料能合乎规矩，需要能工巧匠砍削。人要成才，需要诗书陶冶。诗书中的知识只有勤奋才能获得，不勤奋肚子里就空虚。

博闻广识

孔融，字文举，是孔子的后代，非常有才华，可是后来因为得罪了曹操，被杀害了。

小儿偷酒

孔文举有二子，大者六岁，小者五岁。昼日父眠，小者床头盗酒饮之。大儿谓曰："何以不拜？"答曰："偷，那得行礼！"

——《世说新语·言语》

学与习

孔融有两个儿子，大的六岁，小的五岁。有一次，孔融白天睡觉，小儿子就到父亲的床头偷酒喝。大儿子说，为什么不向父亲大人跪拜？小儿子回答，偷，怎么还能行礼。因为偷是违反礼教的事情。读了这个故事，你有什么感想吗？

覆巢之下

孔融被收，中外惶怖。时融儿大者九岁，小者八岁。二儿故琢钉戏，了无遽（jù）容。融谓使者曰："冀罪止于身，二儿可得全不？"儿徐进曰："大人岂见覆巢之下，复有完卵乎？"寻亦收至。

——《世说新语·言语》

📚 学与习

孔融得罪了曹操，被抓起来了，朝廷内外都很不安。当时孔融的大儿子九岁，小儿子八岁。两个孩子在地上玩琢钉游戏，毫无畏惧之色。孔融对使者说："希望所有罪责由我一人承担，能保全我两个孩子吗？"没有想到，他的儿子竟然从容地说："父亲大人见过翻倒的鸟窝下，还有不碎裂的鸟蛋吗？"不久，两个孩子也被抓走了。

那么小的年纪，面对这样的大灾难，竟然会这样说这样做，真是太令人吃惊了。

巧对"三白"

戴叔伦是唐代的著名诗人。他小时侯很聪明，老师非常喜欢他。

有一次，老师带他到郊外去游玩，走到一个叫白店的地方，正好看到一只白公鸡在高声啼鸣，老师灵感顿生，出联让小叔伦对：白店白鸡啼白昼。戴叔伦仔细一琢磨，感到老师的句中连用了三个"白"字，贴切自然，可是自己怎么对下联呢？一时想不出来。于是，他边走边想。天色接近黄昏，他们来到一个叫黄村的地方，忽然从一户农家窜出一条黄狗，对着他们狂叫，戴叔伦却乐了，高兴地对老师说："学生已经有了下联，黄村黄犬吠黄昏。"

联中用"村"对"店"，"犬"对"鸡"，十分工稳，而且重复三个"黄"字对三个"白"字，成为一副饶有趣味的复字联。

复字联是指在上下联内分别有一个或几个同样的字间隔出现多次，如故事中的"黄"字和"白"字。复字联中字的重复是有规律的：一是重复的字要在上下联相应的位置上；二是上联重复了多少字和多少次数，下联也应该如此。复字联中既有一字重复，也有多字重复，还有多字多次重复。

1. 请补充下列对联中所缺少的字。

（1）白沙白水白洋淀；

_____ 海 _____ 河 _____ 浦江。

（2）朝 _____ 似锦，晚霞似 _____ ， _____ 锦，西川锦；

新月如 _____ ，残 _____ 如弓，上弦弓， _____ 弓。

2. 同桌互读下面的趣联。

（1）松下围棋，松子每随棋子落；柳边垂钓，柳丝常伴钓丝悬。

——相传上联是苏东坡所出，下联为黄庭坚所对

（2）松涛声，海涛声，声声相应；天上月，水中月，月月齐明。

——四川芦山三教庵楹联

（3）自在观，观自在，无人在，无我在，问此时自家安在？ 知
所在自然自在；

如来佛，佛如来，有将来，有未来，究这生如何得来？ 已
过来如见如来。

——清末钟云舫题某禅堂

第 四 课

孝敬父母，爱惜身体。

一

临深履薄，夙兴温清。

——《千字文》

学与习

《诗经》中有一句话"战战兢兢，如临深渊，如履薄冰"，意思是做事要心怀敬畏，小心谨慎，在这段话中讲的是孝顺父母应有的态度。"夙兴"是"夙兴夜寐"的省略语，意思是早起晚睡。"温清（qìng）"是"冬温夏清"的省略语，意思是夏天要让父母感到清凉，冬天要让父母感到温暖。

二

盖此身发，四大五常。
恭惟鞠养，岂敢毁伤。

——《千字文》

"四大"有多种说法，都代表一切事物的来源。"五常"说的是人与人的五种关系：君臣，父子，兄弟，夫妇，朋友。"恭惟"的意思是恭敬不安地想；"鞠（jū）养"是抚养的意思。《孝经》说"身体发肤，受之父母，岂敢毁伤"，爱护自己的身体是孝顺父母的基础，也是天地伦常的基础。

诵诗冶性

翁森是宋朝遗民，不愿做元朝的官，留在乡间教书。他写了四首《四时读书乐》，劝诫学生一年四季都要用功读书。

四时读书乐（其一）

〔南宋〕翁森

山光照槛水绕廊，舞雩归咏春风香。

好鸟枝头亦朋友，落花水面皆文章。

蹉跎莫遣韶光老，人生唯有读书好。

读书之乐乐何如？绿满窗前草不除。

四时读书乐（其二）

〔南宋〕翁森

新竹压檐桑四围，小斋幽敞明朱曦。

昼长吟罢蝉鸣树，夜深烬落萤入帏。

北窗高卧羲皇侣，只因素稔读书趣。

读书之乐乐无穷，瑶琴一曲来薰风。

学与习

在春天读书，枝头的鸟儿，是伴我读书的朋友；漂在水上的落花，可以启发我写出好文章。读书的乐趣好比绿草长到窗前而不剪除，放眼望去，一派欣欣向荣的景象。

在夏天读书，可以听蝉儿在树上鸣叫；夏夜读书时，灯花一节节落下，还有萤火虫飞入帷帐。读书的乐趣真无穷，就像沐浴着和煦的南风，用瑶琴来弹奏一曲。

23

《世说新语》中的很多小故事脍炙人口，流传至今。其中有一些还被提炼为成语，至今依然被我们使用。请看下面两个故事。

难（nán）兄难弟

陈元方子长文，有英才，与季方子孝先各论其父功德，争之不能决。咨（zī）于太丘，太丘曰："元方难为兄，季方难为弟。"

——《世说新语·德行》

学与习

陈元方的儿子和陈季方的儿子见了面，都说自己的父亲很厉害，谁也说服不了谁。于是他们去请教爷爷陈太丘。陈太丘说，这两个人分不出高下，都很厉害。后来人们以"难兄难弟"指两人才德俱佳，难分高下。

读了这个故事，你是不是发现现在很多人把"难兄难弟"这个词用错了？

锺氏兄弟

锺毓（yù）、锺会少有令誉。年十三，魏文帝闻之，语其父锺繇（yóu）曰："可令二子来。"于是敕见。毓面有汗，帝曰："卿面何以汗？"毓对曰："战战惶惶，汗出如浆。"复问会："卿何以不汗？"对曰："战战栗栗，汗不敢出。"

——《世说新语·言语》

学与习

锺毓、锺会兄弟从小就很有名气。魏文帝曹丕听说了，让他们的父亲锺繇带他们进宫朝见。朝见的时候，锺毓脸上有汗，魏文帝问："脸上怎么有汗啊？"锺毓说："战战惶惶，汗出如浆。"魏文帝又问锺会："你怎么不出汗呢？"锺会说："战战栗栗，汗不敢出。"同学们，你觉得谁是真害怕呢？

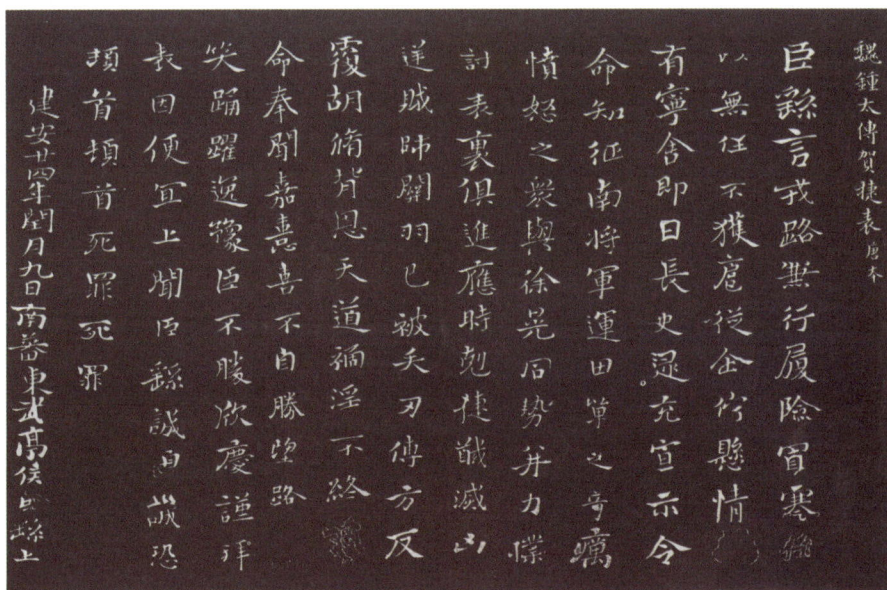

锺繇《贺捷表》

吃西瓜，读《左传》

从前有两个书生，一个名叫张三，另一个叫李四。两个人一同在盛夏读书。酷热难当，买来西瓜一起吃。吃着吃着，张三忽然笑了起来，李四问他笑什么？张三说："坐南朝北吃西瓜，皮向东放，你来对个下联，如何？"

李四听了也笑了起来，他开始想下联，苦苦思索，就是对不出。

转眼夏天过去了，有一天晚上，李四在读历史书《左传》时，忽然想到吃西瓜时张三所出的对子，顿时来了灵感，对出了下联：由上向下读左传，书往右翻。

这是一副巧妙的嵌字联，上联嵌入"南、北、西、东"，下联嵌入了"上、下、左、右"，上联"吃西瓜"，下联"读《左传》"，一俗一雅，巧妙而自然！

嵌字联也叫嵌名联，是把某些特定的字词，如人名、地名、数字、方位、事物名称等，巧妙地镶嵌在上下联中，使对联充满情趣。嵌字可以分为整嵌和分嵌，整嵌是把词语整个儿嵌入上联或下联中。分嵌一般是在七言联中，把要嵌的词分开来，有规律地嵌入上下联的相关位置。嵌在上下联第一字的对联，叫鹤顶格，这是最常用的。嵌在上下联第二字的叫燕颔（hàn，下巴的意思）格，镶嵌于上下联第三字的叫鸢（yuān，老鹰）肩格，镶嵌于上下联第四字的叫蜂腰格，镶嵌于上下联第五字的叫鹤膝格，镶嵌于上下联第六字的叫雁翎格，镶嵌于上下联第七字的叫凤尾格，这些名字都和动物身体的部位有关，是不是很好玩呢？

最后还有一种叫碎锦格，和上面的七种格式不同，是将所要镶嵌的字随便地镶嵌在上下联的适当位置中。如有人用碎锦格为张三、李四写了一副嵌字联：

四壁图书三尺剑；半肩行李一张琴。

学与习

1. 对对子。

（1）吸尘器（　　　　）　　（2）手电筒（　　　　　）

（3）山高月小（　　　　）　　（4）桃红柳绿（　　　　　）

（5）夕阳西下（　　　　）　　（6）羊肠小道（　　　　　）

2. 背诵下面的妙联。

（1）烟锁池塘柳；炮镇海城楼。

——这副对联在电视剧《铁齿铜牙纪晓岚》中曾出现过，上下联的偏旁分别嵌入了"金、木、水、火、土"五行，被人们称作绝对。三百年来，不断有人挑战，因此还有人对出一些下联，如：灯深村寺钟；港城铁板烧；桃燃锦江堤等。

（2）杯中看剑谁同舞；湖上骑驴我自归。

——云南玉溪"杯湖亭"联，用鹤顶格嵌入"杯湖"。

第 五 课

千百年来，中国人总是把希望寄托在明君清官身上。

一

推位让国，有虞陶唐。
吊民伐罪，周发殷汤。

——《千字文》

学与习

这段话讲述了上古时代四位贤明的君主。"有虞"就是虞舜，"陶唐"就是唐尧，他们推贤让位，选择有德有功之人做自己的继位者。周武王和殷商的成汤，都有安抚百姓讨伐暴君的功绩。

二

存以甘棠，去而益咏。

——《千字文》

学与习

西周时的召伯是官员的好榜样，他曾在甘棠树下处理政事，他离去之后百姓越发地怀念他、歌颂他，于是就把那棵甘棠树保留下来。

书本上学来的知识只有实践了，才能算是自己的。

冬夜读书示子聿

〔南宋〕陆游

古人学问无遗力，少壮工夫老始成。

纸上得来终觉浅，绝知此事要躬行。

送赵几道邵武司户

〔南宋〕叶适

无滩秋水平，有句官曹清。

杨柳欲落尽，菊花愁晚生。

书多前益智，文古后垂名。

功到阔深处，天教勤苦成。

学与习

很多书籍在眼前读着，有益于智慧，而文章总是经历久远的年代之后才会留下声名。要想写出这样的文章，还是要勤奋读书。

再学两个《世说新语》中的成语。

望梅止渴

魏武行役（yì），失汲道，军皆渴，乃令曰："前有大梅林，饶子，甘酸可以解渴。"士卒闻之，口皆出水，乘此得及前源。

——《世说新语·假谲》

学与习

有一次，魏武帝曹操带领军队外出打仗，途中找不到取水的地方，士兵们口渴难忍。曹操灵机一动，传令说："前面有一大片梅林，有许多又酸又甜的梅子，可以解渴。"士兵们听了，嘴里全是口水。于是加紧赶路，找到了水源。

听到什么，忽然嘴里就有了口水，这样的经历，你有过吗？和同学交流一下。

身无长物

王恭从会稽还，王大看之。见其坐六尺簟（diàn），因语恭："卿东来，故应有此物，可以一领及我。"恭无言。大去后，即举所坐者送之。既无余席，便坐荐上。

后大闻之，甚惊，曰："吾本谓卿多，故求耳。"对曰："丈人不悉恭，恭作人无长物。"

——《世说新语·德行》

![学与习]

王恭从会稽回来，王大去看望他。见到座上有六尺长的竹席，便对王恭说："你从东边来，本当有这种东西，可以拿一张送给我。"王恭没有答话。王大走后，王恭立刻把自己坐的那张竹席送了过去。王恭自己已经没有其他竹席了，就坐在草垫上。后来王大听说了这件事，很吃惊，对王恭说："我本来认为你有很多，所以才向你索要的。"王恭回答说："您老人家不了解我，我做人从来不备多余的东西。"

查下成语词典，看看"身无长物"现在的用法。

长长长长，你会读吗？

传说明朝初年，有个县官非常喜欢对联。每逢过年，他都要求家家户户贴上春联，由他来评定名次。

这一年又到了春节，县官带着几个差役挨家挨户评选对联。他走到一户人家，看到了大门上贴着一副对联：长长长长长长；长长长长长长长。县官读了两遍，非常生气，对差役说："这不是在愚弄我吗！把这个写对联的人找来，打二十大板！"这户人家的主人被带了出来，当他明白是怎么一回事后，大喊冤枉，对县官说："我是按您的吩咐写的对联啊！"县官听了更加生气了，说："你上下联都是一样的字，这不是在糊弄我吗？""您听我解释，我因为考不中秀才，只好回家靠卖豆芽菜糊口。""卖豆芽？""对，卖豆芽！"县官又把这副对联读了两遍，对差役说："二十大板免了，赏他二十两银子！"为什么会这样呢？

原来，这副对联的上联可读为：长（cháng）长（zhǎng）长（cháng）长（zhǎng）长（cháng）长（cháng）长（zhǎng），下联读为：长（zhǎng）长（cháng）长（zhǎng）长（cháng）长（zhǎng）长（zhǎng）长（cháng）。一个多音字，两种读音，

把它们串在一起表达了卖豆芽小贩的人生愿望，真是绝妙！这个对联还有一个横批：长长长长，你会读吗？

　　我们的汉语具有一字多音、同音异字的特点，文字与读音之间的关系复杂而有趣，利用这一关系创作出来的对联，有的变读，有的同韵，有的绕口，有的谐音，有的押韵，变化万千。你在读的时候，一定要大声地多读几遍，读着读着，味道就出来了！

学与习

1. 连连看。

　　（1）风来花自舞　　　　　清风万卷书

　　（2）半溪流水绿　　　　　云傍马头生

　　（3）风起云行快　　　　　千树落花红

　　（4）山从人面起　　　　　山高月上迟

　　（5）明月一池水　　　　　春到鸟能言

2. 同桌互背下列妙联。

　　（1）鸡饥争豆斗；鼠暑上梁凉。

　　（2）蚂蚁树下马倚树；鸡冠花前鸡观花。

　　（3）童子打桐子，桐子落，童子乐；

　　　　丫头啃鸭头，鸭头咸，丫头嫌。

　　（4）望江楼，望江流，望江楼上望江流，江楼千古，江流千古；

　　　　印月井，印月影，印月井中印月影，月井万年，月影万年。

——四川成都望江楼对联

第 六 课

古人总是在告诉我们要珍惜时间啊。

一

莺花犹怕春光老，

岂可教人枉度春？

——《增广贤文》

学与习

黄莺、鲜花都怕春光逝去，人更应珍惜青春年华。

二

枯木逢春犹再发，

人无两度再少年。

——《增广贤文》

学与习

青春是短暂的，她像大自然的春天般美好，但不可能像春天一样年复一年，有重来的可能。

朱熹是南宋思想家，他的学问对后世影响巨大。

观书有感（其一）

〔南宋〕朱熹

半亩方塘一鉴开，

天光云影共徘徊。

问渠那得清如许？

为有源头活水来。

观书有感（其二）

〔南宋〕朱熹

昨夜江边春水生，

艨艟巨舰一毛轻。

向来枉费推移力，

此日中流自在行。

　　第一首诗说池塘里的水之所以清澈，是因为有活水流进来。
第二首诗说平时不易移动的大船，一旦水涨，移动起来就很轻便。
你能将它们与读书的规律联系起来吗？

《世说新语》中有很多有趣的人，阮咸（字仲容）就是一个；王羲之的几个儿子都是有趣的人，王徽之（字子猷）就是一个。

未能免俗

阮仲容、步兵居道南，诸阮居道北。北阮皆富，南阮贫。七月七日，北阮盛晒衣，皆纱罗锦绮。仲容以竿挂大布犊鼻裈（kūn）于中庭。人或怪之，答曰："未能免俗，聊复尔耳！"

——《世说新语·任诞》

学与习

阮仲容和他叔叔阮籍住在路的南面，阮姓中其他人家住在路的北边。路北的阮家都富有，而路南的阮家都比较穷。七月七日那一天，路北阮家大晒衣服，都是各种绫罗绸缎。阮仲容也用竹竿挑着一条粗布短裤晒在庭中。有人感到他这种做法很奇怪，他回答说："我不能免除世间习俗，姑且这样做一做罢了。"后来人们把有些勉强做到的事称为"未能免俗"。你觉得阮仲容这样做是否别有用意呢？

何可一日无此君

王子猷尝暂寄人空宅住，便令种竹。或问："暂住何烦尔？"王啸咏良久，直指竹曰："何可一日无此君！"

——《世说新语·任诞》

学与习

中国古人对竹子情有独钟，称之为君子，所谓"未出土时先有节，及凌云处尚虚心"。所以王子猷此举一直为历代人们传说。你觉得竹子在你的生活中重不重要？

赏联属对

鱼儿伞，燕子帘

有一年夏天，祝枝山和画家沈石田在乡间散步。路过一个池塘，塘里种着荷花。只见荷叶如盖，鱼儿都聚集在荷叶下乘凉。祝枝山触景生情，出了个上联：池中荷叶鱼儿伞。

沈石田听了，连连称赞这对子出得好，形象生动。可是该如何对下句呢？二人信步走入旁边的一座凉亭中，沈石田忽然听到燕子吱吱喳喳的叫声，抬头一看，屋檐下有个燕子窝，燕

子窝上方垂下一张蜘蛛网，在微风中摇曳，宛如窗帘一般。沈石田灵感顿生，说出下联：梁上蛛丝燕子帘。祝枝山不禁拍手称妙。

　　故事中的对联运用了比喻的修辞方法。比喻也叫打比方，就是用生动的、浅显的、熟知的事物去描绘抽象的、生疏的、深奥的事物。被比的事物是本体，如荷叶、蛛丝，作比的事物是喻体，如鱼儿伞、燕子帘。在本体和喻体之间，有时还可以加上像、是、如、似等连接词，在这副对联中，这些词都省略了。运用比喻可以使句子更加形象生动，唤起人的遐想，你喜欢故事中的对句吗？

　　学与习

　　1. 对对子。

　　（1）虎耳草（　　　　　　　）　　　（2）云似锦（　　　　　　　）

　　（3）山青似画（　　　　　　　）　　（4）目如秋水（　　　　　　）

　　（5）一轮月镜（　　　　　　　）　　（6）光阴疾似箭（　　　　　　　）

　　（7）出水蛙儿穿绿袄（　　　　　　　）

　　（8）炭黑火红灰似雪（　　　　　　　）

　　2. 同桌互背下列妙联。

　　（1）月来满地水；云起一天山。

　　　　　　　　　　　　——郑板桥题扬州瘦西湖小金山"月观"对联

　　（2）白水如棉，不用弓弹花自散；红霞似锦，何须梭织天生成。

　　　　　　　　　　　　——贵州黄果树瀑布对联

第 七 课

人要懂得如何避祸。

一

久利之事莫为，
众争之地莫往。

——《增广贤文》

学与习

理智冷静，不被利益冲昏头脑，真正的成功者是耐得住寂寞的。

二

量大祸不在，
机深祸亦深。

——《增广贤文》

学与习

水晶一样透明的心灵才能折射更美丽的色彩，宽容的人生才有更多的精彩！

在古人眼中，读书是悠闲的，更充满趣味。

送翁卷入山

〔南宋〕赵师秀

已送山民归旧庐，子今复去我何如。

渐成老大难为别，早占清闲未是疏。

小雨半畦春种药，寒灯一盏夜修书。

有人来问陶贞白，说与华阳何处居。

读　诗

〔南宋〕杨万里

船中活计只诗编，读了唐诗读半山。

不是老夫朝不食，半山绝句当朝餐。

学与习

杨万里读王安石（号半山）的诗读得入迷，连早饭也忘吃了。你有这样的情况吗？

《世说新语》中很多人都很会说话。

邓艾口吃

邓艾口吃，语称"艾艾"。晋文王戏之曰："卿云'艾艾'，定是几艾？"对曰："'凤兮凤兮'，故是一凤。"

——《世说新语·言语》

学与习

邓艾口吃，说话时自称"艾艾"。晋文王开玩笑说："爱卿说艾艾，到底有几个邓艾？"邓艾对答说："凤啊凤啊，本来就是一只凤。"

你身边有口吃的人吗？千万不能学他们说话哦，那是不礼貌的。

月中有物

徐孺子年九岁，尝月下戏。人语之曰："若令月中无物，当极明邪？"徐曰："不然。譬如人眼中有瞳子，无此必不明。"

——《世说新语·言语》

学与习

徐孺子九岁时，有一次在月光下玩耍，有人对他说："如果月亮里面什么也没有，会更加明亮吧？"徐孺子说："不是这样。好比人的眼睛里有瞳仁，如果没有这个，一定看不见。"

莺啼燕语报春来

清朝诗人龚炜（wěi），小时候曾跟随一位姓王的老师学习对课。十岁那年，王老师出了个上联让他对：燕语微风日。

这句话的意思是说，在和煦的微风里，一群小燕子在呢喃细语。它描绘出了一幅美丽的春天景色，充满了情趣。龚炜想了想，就对出了下句：莺啼细雨春。

龚炜的对句也是一幅春天的美景，意思是说，黄莺在春天的蒙蒙细雨中唱着欢快的歌儿。两句对仗十分工整，声调也很和谐。

王先生听了，十分高兴，连连夸他对得好。

出句和对句都用了拟人的手法，拟人就是把没有思想感情的事物当作人来描写，赋予它人的言行举止、音容笑貌、思想情感。被拟的事物，可以是有生命的，如花草树木、鸟兽鱼虫等，也可以是无生命的，如日月山河、亭台楼阁、桌椅板凳……拟人的巧妙运用可以使一朵花含笑，一棵草哭泣，一阵风唱歌，一粒沙跳舞，天地间的万物顿时鲜活起来。

第七课

43

学与习

1. 连连看。

（1）青山有幸埋忠骨　　　　　　　马头一线挂黄河

（2）空中白鹤翩翩舞　　　　　　　傲骨梅无仰面花

（3）足下千行来白雁　　　　　　　明月有心入梦来

（4）虚心竹有低头叶　　　　　　　白铁无辜铸佞臣

（5）落花无意带春去　　　　　　　塘里青蛙阵阵歌

2. 背诵下列妙联，体会拟人手法的神奇。

（1）春风放胆来梳柳；夜雨瞒人去润花。

——郑板桥作

（2）绿水本无忧，因风皱面；青山原不老，为雪白头。

（3）蜡烛泪流，只为火烧心痛；铜钟声吼，皆因木撞腰酸。

第 八 课

人不可以不工作。尽力工作，问心无愧就行。

一

岂能尽如人意？

但求不愧吾心。

——《增广贤文》

学与习

　　世上无完美之事、完美之人，成败得失坦然面对，只求问心无愧。

二

一日不可无常业，

安闲便易起邪心！

——《增广贤文》

学与习

　　忙碌就是充实，安闲不免懒散。积极做事，淡定追求！

读书能让人更有气质。

柳氏二外甥求笔迹（其一）

〔北宋〕苏轼

退笔成山未足珍，读书万卷始通神。

君家自有元和脚，莫厌家鸡更问人。

和董传留别

〔北宋〕苏轼

粗缯大布裹生涯，腹有诗书气自华。

厌伴老儒烹瓠叶，强随举子踏槐花。

囊空不办寻春马，眼乱行看择婿车。

得意犹堪夸世俗，诏黄新湿字如鸦。

学与习

　　苏轼的外甥向他求字，他说学书法不仅要有智永和尚那样退笔成山的勤奋，还要有读书万卷的文化修养，才能通神。

　　董传当时穷困潦倒，正准备参加科举考试。苏轼作诗勉励他，说他虽然贫苦，但是因为有学问而气质不俗。

《百喻经》，原来叫《痴华鬘（mán）》，是古印度僧侣伽斯那写的。这是一部佛经，书中用近百则寓言故事作比喻，阐述佛教的基本教义。书中的故事简明生动，诙谐幽默，既富有情趣，又蕴含哲理。下面我们一起来看看吧！

驼瓮俱失喻

昔有一人，先瓮中盛谷。骆驼入头瓮中食谷，后不得出。既不得出，以为忧恼。有一老人来语之言："汝莫愁也，我教汝出。汝用我语，必得速出。汝当斩头，自得出之。"即用其语，以刀斩头。既复杀驼，而复破瓮。

——《百喻经》

学与习

《百喻经》中有九十八个寓言故事，借故事来说明道理。所以每个标题的最后一个字都是"喻"。取头，为的是保护骆驼。可是故事中的主人公却听信馊主意，先砍了骆驼的头，结果骆驼死了，瓮也破了。如果是你，你会怎么做？能否和老师同学交流一下为什么那样做？从这个故事中你明白了什么道理？

第八课

47

种熬胡麻子喻

昔有愚人，生食胡麻子，以为不美，熬而食之为美，便生念言："不如熬而种之，后得美者。"便熬而种之，永无生理。

——《百喻经》

学与习

主人公虽然傻，但对食物的滋味倒也能辨别，知道熟芝麻比生芝麻好吃。可是他终究是个傻子，为了吃到好吃的熟芝麻，竟将熟芝麻种在土里。你说说看，他傻在哪里？

赏联属对

长江作浴盆

"滚滚长江东逝水，浪花淘尽英雄。是非成败转头空，青山依旧在，几度夕阳红……"看过电视连续剧《三国演义》的小朋友对上面的这段话一定不会陌生，可是你知道它是谁写的吗？

这首气壮山河的曲词是明朝大文学家杨慎（shèn）写的，杨慎从小好学深思，特别会对对子，人们都称他为"小神童"。

传说杨慎小时侯还很顽皮，有一天他在池塘里洗澡，恰好县令路过此地。杨慎不仅不躲避，还对着县令扮鬼脸。县令一看这孩子这么调皮，就叫人把杨慎的衣服拿走，挂在路

边的一棵老树上，然后对杨慎说："我出一个对联，如果你能对出来，就还你的衣裤。"说完就出了上联：千年老树当衣架。

杨慎在清澈的池水中，一边玩水，一边对出下联：万里长江作浴盆。

县令没想到这个顽皮的孩子有如此奇才，赶忙让人把衣服还给了杨慎，并邀请他到自己家去做客。

杨慎的对句运用了夸张的手法，因此显得气魄宏大。夸张就是在现实生活的基础上，通过丰富的想象，有意夸大或者缩小事物的形貌，使事物的特征更加突出，给人留下深刻印象。大诗人李白的诗中就有许多夸张的句子，如："白发三千丈，缘愁似个长""燕山雪花大如席，片片吹落轩辕台"……夸张可以和比喻、拟人结合在一起运用，写出动人心魄的句子，你有兴趣试一试吗？

1. 读一读，猜一猜。

（1）一口能吞二泉三江四海五湖水；

孤胆敢入十方百姓千家万户门。

这副对联写的是什么事物？＿＿＿＿＿＿＿＿＿＿＿＿＿＿＿

（2）围桌煮海翻红浪；

举杯饮河卷白波。

这副对联适合挂在什么店的门前？＿＿＿＿＿＿＿＿＿＿＿＿

2. 同桌互背下列妙联。

（1）西岭烟霞生袖底；东洲云海落樽前。

——康熙皇帝题颐和园涵远堂

（2）天为棋盘星为子，何人敢下；地作琵琶路作弦，哪个能弹。

（3）元宵不见月，点几盏灯，为乾坤生色；

惊蛰未闻雷，击数声鼓，替天地扬威。

——清张廷玉应对父亲

第 九 课

古人讲究"耕读传家"，既重视种田，也重视读书。

一

有田不耕仓廪虚，

有书不读子孙愚。

——《增广贤文》

学与习

不耕种没有收成，不读书，子孙都会愚蠢。

二

仓廪虚兮岁月乏，

子孙愚兮礼仪疏。

——《增广贤文》

学与习

没有粮食，生活贫乏。不读书，子孙就会不懂礼仪。

古人是很讲究读书方法的。

读书

〔南宋〕陆九渊

读书切戒在荒忙，涵泳工夫兴味长。

未晓莫妨权放过，切身须要急思量。

自家主宰常精健，逐外功夫徒损伤。

寄语同游二三子，莫将言语坏天常。

鹅湖寺和陆子寿

〔南宋〕朱熹

德义风流夙所钦，别离三载更关心。

偶扶藜杖出寒谷，又枉篮舆度远岑。

旧学商量加邃密，新知培养转深沉。

却愁说到无言处，不信人间有古今。

陆九渊说，读书不能慌忙，慢慢地用功去读，才会觉得意味深长。有不明白的地方不妨暂且放过去，与自己切身相关的需要认真思考。

朱熹曾与陆子寿辩论学问，在这首诗里，朱熹说不管旧学与新知，经过争辩、探究，就会使观点更明朗清晰。读书也是这样，读不同的书，就是与不同的人对话，兼听则明。

博闻广识

读下面两则《百喻经》，你会得到什么启发呢？

债半钱喻

往有商人，贷他半钱，久不得偿，即便往债。前有大河，雇他两钱，然后得渡。到彼往债，竟不得见。来还渡河，复雇两钱。为半钱债而失四钱，兼有道路疲劳之困。所债甚少，所失极多，果被众人之所怪笑。

——《百喻经》

商人为了讨回借给别人的半文钱，竟然花了四文钱。不仅如此，还付出了什么代价？你觉得商人错在哪里？如果商人出门讨债前来咨询你如何要回这半文钱，你会对他说什么？

第九课

磨大石喻

譬如有人，磨一大石，勤加功力，经历日月，作小戏牛。用功既重，所期甚轻。

——《百喻经》

学与习

一个人花了好几年的时间，将一块大石头打磨成一只小小的玩具牛。这个故事与"铁杵磨针"挺像的。这种精神当然是值得嘉奖的，但如果换一个角度想，付出那么多心血是否值得呢？为什么不用一块小石头来打磨呢？在事半功倍和事倍功半之间，你会选哪个呢？在你的生活中有没有"事半功倍"的例子？如果有，分享给同学们吧。

赏联属对

莲子梨儿有深意

明末清初，江苏吴县出了一位文学家金圣叹。金圣叹才华横溢，天性幽默，他对许多古籍的评点，至今仍为世人所称颂。

后来，由于吴县的县令行为不法，他与一群秀才去文庙痛哭，表示抗议，谁料竟被巡抚下令逮捕入狱，判处死刑，真是不白之冤！

临刑那天，他儿子去刑场为他送别。金圣叹想到自己蒙受奇冤，还连累儿子和其他亲人，很伤心，说了一句：莲子心中苦。

这是借"莲子"与"怜子"的谐音，来诉说自己内心的痛苦。说完，泪流满面。儿子跪在地上，摇着父亲的双腿，泣不成声，哪里还有心思去对父亲的上联？金圣叹说："孩子，何必如此悲伤，让我代你对下联吧！"于是念道：梨儿腹内酸。

这是利用"梨儿"与"离儿"的谐音，一"苦"一"酸"，道尽了父子生离死别的悲痛心情，这副刑场上的对联就流传了下来。

汉字的形、音、义相同或者不同，都可能产生两种或者两种以上的解释，形成明暗两层意思，这就是双关。故事中对联是一副谐音双关的对联，利用了同音字"莲"与"怜"、"梨"与"离"，表达了父子情深。此外，还有借义双关，是利用汉语中字词具有不同含义创作的对联。欣赏借义双关的对联，首先要了解对联字面的意思是什么，然后再琢磨它隐含的意思是什么，如果你发现了它隐含的意思，就会感到趣味无穷。

学与习

1. 下列对联各有两种读法，在不同的位置上加上标点，会有不同的含义：一种吉利一种倒霉，请你加上标点来读读。

（1）养猪大如山老鼠头头死；

　　酿酒缸缸好作醋坛坛酸。

（2）明日逢春好不晦气；

　　终年倒运少有余财。

2. 同桌互背下面妙联。

（1）虽然毫末技艺；却是顶上功夫。

　　　　　　——清末理发店对联，"毫末"既指技艺微小，又指发丝尾端；"顶上"，既指功夫最好，又指头顶，一语双关。

（2）莲子已成荷长老；梨花未放叶先生。

　　　　　　——明代一位姓叶的学者，看见寺院池塘中的荷花结了莲子而出上联，寺院住持对下联。"长老"二字，指荷花已长成，又指寺院住持的身份，下联"叶"字，符合"先生"之姓，又指梨树逢春，叶生于花前。

第 十 课

年少时勤奋读书，长大才有大成。

一

读未见书如逢良友，

见已读书如逢故人。

——《增广贤文》

学与习

书就像良友故人。

二

勤奋读，苦发奋，

走遍天涯如游刃。

——《增广贤文》

学与习

学海虽苦，将来行走天涯时却能感受到甜。而且如果注意方法，学海未必全是苦的。

读书、耕种、自在地生活，是很多人向往的。

白鹿洞（其一）

〔唐〕王贞白

读书不觉已春深，一寸光阴一寸金。

不是道人来引笑，周情孔思正追寻。

闲居书事

〔唐〕杜荀鹤

竹门茅屋带村居，数亩生涯自有余。

鬓白只因秋炼句，眼昏多为夜抄书。

雁惊风浦渔灯动，猿叫霜林橡实疏。

待得功成即西去，时清不问命何如。

学与习

抓紧时间，钻研学问，是一种乐趣。

茅屋几间，种田读书，也是一种乐趣。

我们阅读一些笨人的故事，笑过之后，一定要明白那些笨人可笑在哪里。

医治脊偻喻

譬如有人，卒患脊偻，请医疗治。医以酥涂，上下着板，用力痛压，不觉双目一时并出。

——《百喻经》

学与习

有一个人，驼背了，请了医生治疗。这个医生竟然在病人的背上涂了酥油，上下夹了两块板，然后用力挤压。不料，那人的眼珠一下子迸出来了。

你说这个医生犯了什么错？

水火喻

昔有一人，事须火用及以冷水。即便宿火，以澡盥盛水，置于火上。后欲取火而火都灭，欲取冷水而水复热。火及冷水二事俱失。

——《百喻经》

学与习

有个人，做一件事需要同时用火和冷水。他就留下隔夜的火，用盆子盛水，放在火上。后来他想取火时，火熄灭了。想要用冷水时，冷水已经被隔夜的火加热成热水。结果，火和冷水都没有得到。

你猜猜这个人为什么会把水盆放在火上？他应该怎么做才对呢？

环环相扣的顶针联

你养过蚕吗？如果我以采桑养蚕这件事出个对子：桑养蚕，蚕结茧，茧抽丝，丝织锦绣，你会对什么呢？先别急，读读下面的故事吧。

北宋大诗人黄庭坚，小时侯就很聪明。一天，他正在院子里摘桑叶喂蚕宝宝，舅舅李常来到了他家，见此情景，指着院中一棵桑树，对黄庭坚说："桑养蚕，蚕结茧，茧抽丝，丝织锦绣。小家伙，来对个下联吧？"黄庭坚听了舅舅的上联，一下愣住了。他放下手中桑叶，转过身看见弟弟正在院子里练字，从弟弟手中紧握的毛笔得到了启发，立即答道："草藏兔，兔生毫，毫扎笔，笔写文章！"

舅舅听见他对的下联，赞不绝口。

李常出的是一个含有顶真的对子，顶真又叫连珠，是前一句的末尾字，作为后一句的开头字，承前启后，环环相扣。用于顶真的，可以是一个字，也可以是一个词或词组，顶真在一副对联中，可以使用一次，也可以使用多次。下面该你对了，你对什么呢？

1.请在下面对联中填上恰当的字，组成顶真联。

（1）无锡 _____ 山 _____ 无锡；

平湖 _____ 水 _____ 平湖。

（2）黄河岸边来黄鹤，鹤饮河水；

白杨树下 _____ ， _____ 啃杨枝。

（3）楼外青山，山外 _____ ，云飞天外；

池边 _____ ，树边红雨，雨落 _____ 。

（4）大鱼吃 _____ ，小鱼吃 _____ ，虾吃 _____ ，水落石出；

溪水归河水， _____ 归 _____ ，江归海， _____ 。

2.背诵下列妙联。

（1）断桥桥不断；残雪雪未残。

——杭州西湖"断桥残雪"联

（2）大肚能容，容天下难容之事；

开口便笑，笑世上可笑之人。

——佛寺弥勒殿通用对联

（3）保俶塔，塔顶尖，尖如笔，笔写五湖四海；

锦带桥，桥洞圆，圆似镜，镜照万国九州。

——徐渭对杭州知府